Pierina
and her Friends

Piérina
et ses amis

Scan the QR code to get your **FREE** colouring pages.
Scannez le code QR pour obtenir vos pages à colorier **GRATUITES**.

Published by Antonina Novarese, Vertou, France
English / French bilingual edition
Written, translated, illustrated, designed by Antonina Novarese
First published as *Small White and her Friends* in English in 2020 by Antonina Novarese
ISBN : 978-2-902718-26-9
Édition : Antonina Novarese, 51 rue Charles Lecour, 44120 Vertou, France
Imprimé à la demande depuis novembre 2023. L'imprimeur est indiqué à la dernière page de l'ouvrage.
Loi n° 49-956 du 16 juillet 1949 sur les publications destinées à la jeunesse : novembre 2023
Dépôt légal : novembre 2023
WWW.ANTONINANOVARESE.COM

Pierina
and her Friends

Piérina
et ses amis

story and pictures by
Antonina Novarese
écrit et illustré par
Antonina Novarese

Antonina Novarese

It was a fine afternoon by the river. Bugs were playing in the grass. Pierina watched them with joy. "I have to get something for dinner," she said to her pets.

C'était un bel après-midi au bord de la rivière. Des insectes jouaient dans l'herbe. Piérina les regardait avec joie. « Je dois préparer quelque chose pour le dîner », dit-elle à ses animaux de compagnie.

"Max, will you look after my bugs while I am away?"
she asked her friend.

"Don't worry, Pierina, I will watch them carefully,"
said the frog.

At first, Max watched the bugs carefully, as he
promised. But then the afternoon sun made him sleepy,
and he dozed off.

— Max, peux-tu t'occuper de mes insectes pendant
mon absence ? demanda-t-elle à son amie.

— Ne t'inquiète pas, Piérina, je vais les surveiller
attentivement, dit la grenouille.

Au début, Max observait attentivement les insectes,
comme il l'avait promis. Mais ensuite le soleil de l'après-
midi le rendit somnolent et il s'endormit.

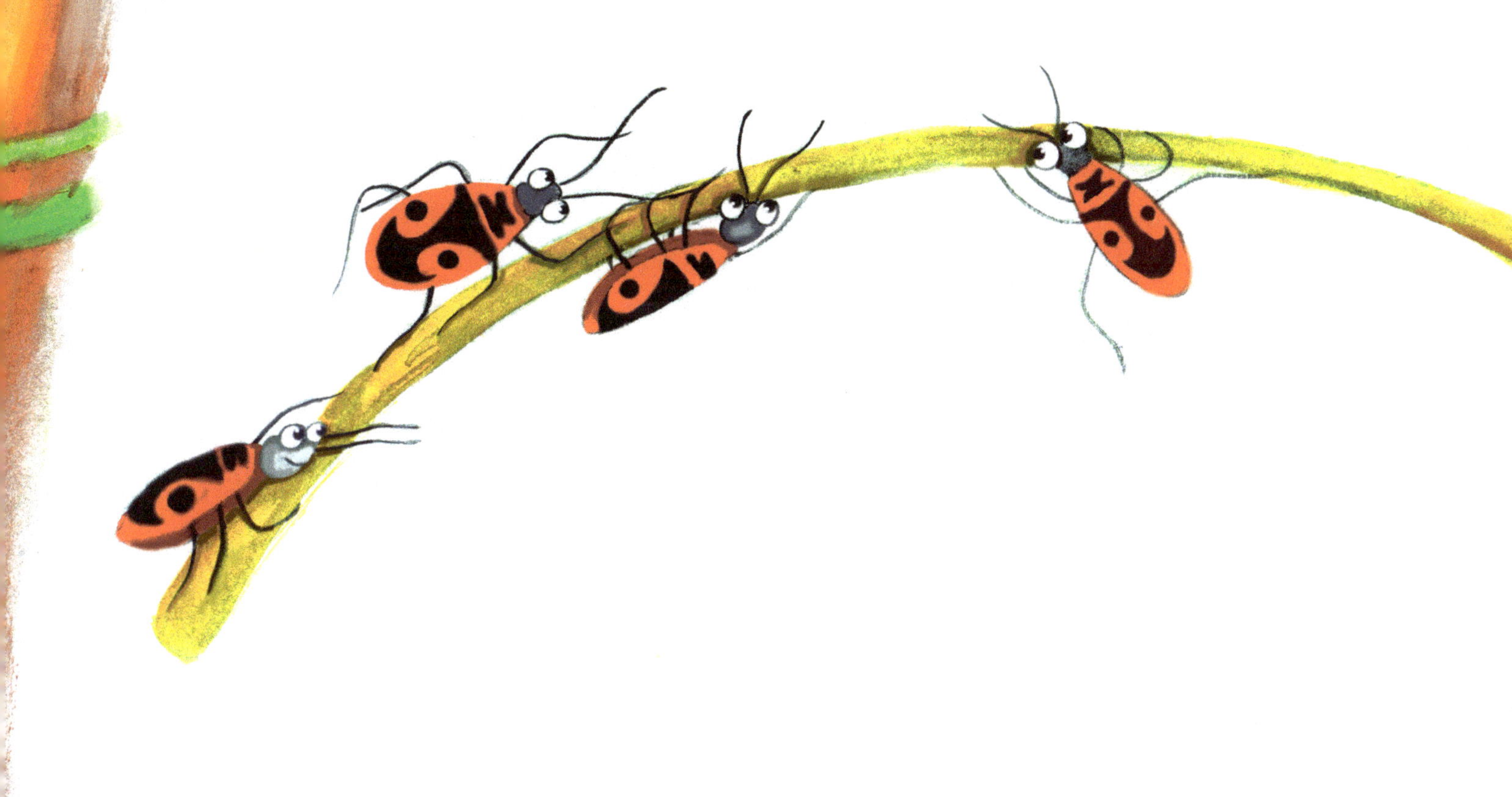

The bugs were climbing up and down a straw. A sudden wind ran through the grass and the straw blew into the water.

Les insectes grimpaient de haut en bas sur une paille. Un vent soudain traversa l'herbe et la paille fut projetée dans l'eau.

Pierina came back and saw her pets being carried away
by the river.
"Max, wake up!"

Piérina revint et vit ses animaux emportés par la rivière.
« Max, réveille-toi ! »

Pierina rushed to drag the straw out of the water, but
it was too heavy. Max hurried to help.

Piérina se précipita pour tirer la paille hors de l'eau,
mais elle était trop lourde. Max se dépêcha d'aider.

They pulled the bugs onto a floating leaf and drew it towards the shore.

But the more they tried, the further the leaf was carried down the river.

Ils amenèrent les insectes sur une feuille flottante et l'attirèrent vers le rivage.

Mais plus ils essayaient, plus la feuille était emportée vers le bas de la rivière.

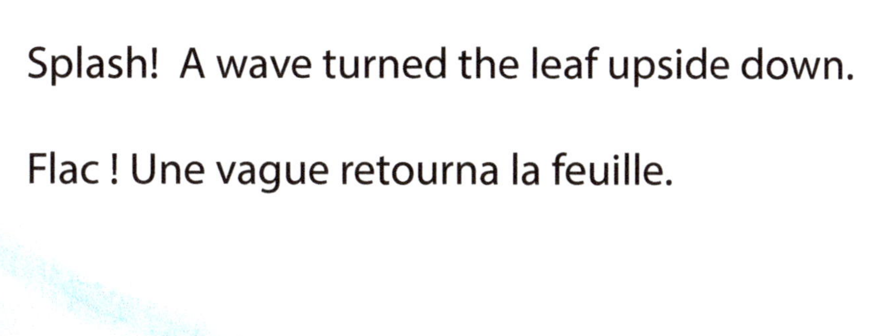

Splash! A wave turned the leaf upside down.

Flac ! Une vague retourna la feuille.

Max picked up the bugs and swam to the shore. Tired out, he saw willow branches hanging low. He grabbed them, swung and fell into the reeds.
Here the river was still.

Max ramassa les insectes et nagea jusqu'au rivage. Fatigué, il vit des branches de saule pendre vers le bas. Il les attrapa, se balança et tomba dans les roseaux.
Ici, la rivière était calme.

All of a sudden, something struck the water. A long beak poked through the reeds.

Tout d'un coup, quelque chose heurta l'eau. Un long bec perça les roseaux.

A heron came splashing and crashing about, trying to catch the bugs!
"I will distract her," said Pierina and flew right into the heron's eye.

Un héron vint éclabousser et s'écraser en essayant d'attraper les insectes !
« Je vais la distraire », dit Piérina en se jetant droit dans l'œil du héron.

Max and the bugs escaped into the reeds.
Finally, everyone reached the bank.

Max et les insectes s'enfuirent dans les roseaux.
Finalement, tout le monde arriva à la rive.

Not until evening did the company make it home.
They were wet, tired, and cold – but just in time for dinner.

Ce ne fut que le soir que la compagnie rentra chez
elle. Ils étaient mouillés, fatigués et avaient froid – mais
juste à temps pour le dîner.